Margot Weinand

Dämmerung im Abendlicht

Gedichte gereimt und ungereimt

© 2022 Margot Weinand
Herstellung und Verlag: BoD – Books on Demand,
Norderstedt
ISBN: 9783756242238

Vorwort

Unsere schnell lebende Zeit braucht Pausen um innezuhalten den Überblick nicht zu verlieren.

Gedichte sind eine gute Möglichkeit Pausen zu nutzen. Diese sind eine Zusammenfassung erlebter Gedanken und Begegnungen aus der Vergangenheit und Gegenwart. Auch über zukünftiges nachzudenken macht mir Freude.

Schreibe über unsere Natur, die wir mit offenen Augen erkennen können, auch über Nettigkeiten am Rande.
Mein Motto:
„Für alle Momente des Lebens ein Gedicht."
Sie werden dies beim Lesen erkennen.
Ich wünsche Ihnen dabei die gleiche Freude, wie ich sie beim Schreiben hatte.
Ihre

Margot Weinand

Leichtes Himmelsbild

Wie sich der Wind in Wellen windet
Nichts hindert ihn, das zu tun.
Wie Wolkenbilder sich dann finden.
Stillstand probend kommt zur Ruh.
Leichtes Toben am Himmel zeigt.
Trotzdem die Stille ewig bleibt.

Leben aus der Quelle

Gott, Du Quelle des wahren Lebens
Deine Schöpfung nicht vergebens
geschaffen als Bild das Dir gleicht
Zu Deiner Würde, doch unerreicht.
Trage in mir was mich oft belastet.
Segen, doch allein von Dir betastet.

Deine Segensströme will ich fassen
was nicht von dir will ich verlassen.
Hilf mir das Deines wird mir zugetragen
was nicht von Dir wird weggetragen
weißt wie mein Leben sich vollzieht
wenn nur Du in mir das Leben liebst

Minka unsere Katze

Unsere Zeiten mit Minka gingen hin
die Zeit mit ihr brachte allen Gewinn.
Manchmal zeigte sie ihre Freude,
ich dachte nach und staunte wie heute
Sie dreht den Kopf sucht meinen Blick.
bewegt den Schwanz wieder den Trick

Immer dachte ich sie hat es dem Hund
abgeschaut, will raus und miaut.
Wann wie und wo werden wir erfahren
wie unsere Minka solch ein Gebaren.
Erfahrungen konnte wir einst machen.
wir freuten uns und konnten öfters lachen

Mit dünnem Eis bedeckt

Auf dünnen Eis bedeckten Scheiben
fängt im Morgensommerlicht,
das feine Muster an zu schreiben,
denn es fehlt an eigener Sicht.
Kratzen hilft mit eigener Kraft
So hat es der Herbstanfang vollbracht.

Rechter Helfer

Es kommen all die angelernten
Helfer um das Obst zu ernten
Von früh bis spät sie schuften müssen
für Äpfel Birnen und auch Nüsse

Die guten kommen in den Laden
die schlechten gehen dann „baden"
gleich in der nächsten Mosterei.
Auf dass der Most auch köstlich sei.

Silberfäden

Tausend Silberfäden geben
den Winden sie zum leichten Spiel.
Ziehen sanft dahin und schweben
An das unbewusst bestimmte Ziel.

Sie ziehen in das Wunderländchen.
Wo Liebe scheu von Anbeginn.
Mit leicht verknüpften zarten Bändchen
Den Müller mit der Müllerin.

Erde uns brachte

Erde, die uns das gebracht
Sonne, die es reif gemacht.
Liebe Sonne, liebe Erde
Euer nie vergessen werde.

Sinn der Zeit

Zeit zum Spielen gehört der Kindheit
Lesen schult Wissen
Denken Quelle der Kraft
Träume Wege zu den Sternen

Frohsinn Musik der Seele
Arbeiten Preis des Erfolges.
Lieben wahre Lebensfreude
Planen gehört dem Leben.

Alles blüht

Rings Blüten nur und Triebe,
Halme voller Segen schwer.
Dir als zöge dir die Liebe,
des Weges hinterher.

Spüre

Spüre dein ewiges Schweigen
lauter als Schreie
deine Augen wie blitzende Sterne
spüre mein Herz und warte

Nichts frommt

Kalt der Wind, der vom Norden kommt
Eisig kalt und niemand frommt.
Jeder traurig schwach und leer,
die Sonne aber scheint nicht mehr.
Es fehlt das Morgensonnenlicht
Das des großen Eises Kälte bricht.

Von der Deichsel

Möchte mit dir den großen Wagen
am wolkenlosen Himmel sehen
zählen von Deichsel zum kleinen Wagen
die Augen lenkend fesselnd sehn.

Nicht Seekrank (Korsika)

Rote Felsen wachsen aus Wasser
an Deck wird sie beim Sturme nasser
schaukelnde Bewegung leer das Deck.
Herrliche Luft Platz für ihren Zweck.

Weiß schäumend das Meer.
Sie allein niemand traut sich mehr.
Aufpeitschende Wellen der Natur
findet Halt freut sich am Sturm.

Im Hafen alle kreidebleich,
haben sie trocken das Ziel erreicht.
Sie blieb an Deck wurde Klatsch nass.
hatte an der Fahrt den Heiden Spaß.

Festgehalten mit aller Kraft
hat sie allein, die Tour geschafft.
An der Reling bei frischer Luft
hatte Freude am schäumenden Duft.

Alles Still

Alles still, es tanzt der Reigen.
Mond strahlt hell in Wald und Flur,
darüber Thront das Schweigen.
Dazu, der Winterhimmel nur.

Alles still, vergeblich lauschet
man der Krähe heiserem Schrei.
Kein Fichte Wipfel rauschet
und kein Bächlein summt vorbei.

Alles still, die Dorffesthütten
sind wie Gräber anzusehen.
Die von Sehnen hat in mitten,
eines wüsten Friedhofs stehen.

Altersspuren

Alter seine Spuren zeigt.
Auf Liebesrausch sich nichts reimt
bei den Enkeln uns erkennen
Liebe wird uns niemals trennen

Blick auf die Abendsonne

Dämmerung schreitet voran
fühle mich wohl, Sinn ist noch wach.
Die Sonne ist nur zur Hälfte zu sehen.
Leise der Wind die Zweige bewegt.

Sie musste den Standort verlassen,
man kann es immer wieder fassen.

Ein schöner Abend zeigt seine Farben,
auch was Neues wir morgen erwarten.
So geht der Tag dann schnell zur Ruh,
lege mich schlafen, mach die Augen zu.

Warum

Lass das Bangen, lass das trauern
Helle wieder auf den Blick
Fern von diesen Felsenmauern
blüht dir doch manch schönes Glück

Meine Liebe

Wo ist geblieben, das letzte Jahr,
unerreichbar und doch so nah.
Bin jetzt still und ganz allein.
Geburtstagsgedanken sollten es sein.

Erlebte Geschichten Stück für Stück,
doch kein Weg führt dahin zurück.

Schau in den Himmel, Sterne im Blick
einer mir leuchtet, ein Juwel er mir ist
Meine Familie ist mein ganzes Glück,
drum wird Ihr, das Beste gewünscht.

Der Mond im See

Wenn der Mond im See sich spiegelt,
geben beide sich die Hand,
spüren wie das Wort der Liebe
zarte Töne ihre Herzen spüren
spüren wie zart rieselt der Sand

Eine Bewohnerin hat es
mir geschenkt

Am Waldesrand hat ein Vögelein
ein kleines Lied gesungen.

es hat im hellen Sonnenschein
wie ein Gebet geklungen.

Ich habe lange zugehört
die Hände still gefaltet.

der Sänger pries ganz
unbeschwert den,
der im Himmel waltet.

Und jede Blume jeder Baum
war von dem Lied gefangen

als wäre ein wundersamer Traum
am Waldrand längst gegangen.

Auch dies hat mir eine Bewohnerin geschenkt …. Ihr Geburtstag1926

Am Wege hinterm Zaune
blüht eine eigene Welt,
da hat der ganze Himmel
zur Erde sich gesellt.

Am Zaune blühten Rosen
und drüben reift das Korn
da hat so mancher schon gefunden
und dann auch wieder verloren

dem einen ging das Herz auf
den andern brachs entzwei
doch Korn und wilde Rosen
die machen kein Geschrei

Süßer Ton

Wenn im Sommer dann der rote Mohn
wieder blüht im gelben Korn
Kornblumen blau vom weitem schon
ganz leise des Finkens süßer Ton.

Kirschbaumblüten Maienschmuck

Kirschbaum fängt an zu blühen
der Rasen steht bereits im Grünen
Sommer wird noch Wochen dauern
manchmal trifft uns ein Schauer.
Sonne entwickelt der Blüten Frucht.
Welke Blätter suchen die Flucht.

Die Zeit es dauert nicht mehr lang
leuchtender Kirschbaum ist dann dran
Vögel zwitschern mit hellen Stimmen
wollen das Rot der Kirsche bestimmen
als der Kirschbaum abgeerntet war
gab es wenige Tage die noch warm

Danach war der Winter bald zu sehn
Der Baum bekleidet mit feinem Schnee
schmückt das Fest mit Maien.
lasset Blumen streuen,
dass wir nie vergessen Gott zu dienen
dort werter Hort, bei den grünen
Himmelsmaien ewig uns erfreuen

Zur Geburtstagsfeier mein Dank
Spiegelbild und Erweiterung

Sehe ich jetzt mein Spiegelbild
die Brauen wachsen schon sehr wild
den Augen fehlt schon jener Glanz
noch mach ich mit beim frohen Tanz

Inzwischen bin ich alt geworden
es gelten andere Rekorde
gilt der Pflegegrad amtlich anerkannt
Für alle doch ganz still genannt.

möchte ich heute schon erwähnen
nichts Besseres konnte ich wählen
Es macht mir Spaß wieder in Reimen
was ich erkannte aufzuschreiben.

Seit zwei Jahren bin ich jetzt hier
habe studiert das Pflegerevier
erste Mal Vollstationär untergebracht
habe nur gute Erfahrung gemacht

Dienste der einzelnen Schwestern
ein gutes Team, das nicht von gestern
Stationsleitung gibt allen die Sicherheit
Medikation Termine und richtige Zeit.

Nicht vergessen die Hausmeisterei
auch die Verwaltung ist immer dabei
Der Park ist auch erwähnenswert
Bänke wenn das Gehen beschwert.

Leute vom Soz. Dienst nicht vergessen
Ihre Stimmung kann sich damit messen
Die Grünen Damen immer zu Stelle
Ihre Einsätze immer treu und schnelle

alle im Hintergrund und nicht genannt
allen Dank hoff das noch bekannt.
Wichtig ist auch zu vermerken
Geistl. Wohl zum Nutzen des Werkes

Wo Gottes Wort vollmächtig ausgelegt
Gottes Geist werden Herzen bewegt

Bauernjasmin

Der Jasmin in unseren Gärten
durch den Winter sie erhärten
denn der Boden ist doch hart
keine Zuwendung, weil Kälte Grad

Bringt danach sogar der weiße Flor
Duft der Blüten dann hervor.
erwartungsvoll der Monat Mai
läutet gern den Sommer ein.

Während im Mai hell die Sonne wärmt
betörender Duft durch Lüfte schwärmt
danach der Busch oder die Hecke
die Blüten vorbei, kriechen Schnecke

Bedeckt das grüne Stück für Stück
zum nächsten Jahre dann zum Glück
danach es dauert nicht lang im nu
deckt der Winter alles mit Schnee zu.

Scotty

Scotty heißt der kleine Hund
ist noch jung und kern gesund
will mit dem Bellen Infos mitteilen
wer hören will der kann verweilen
seine Energie ist voll im Gange
wenn die Schelle angefangen

Wenn er kennt, wer da kommt
brennt er durch, was auch frommt
auf zwei Beinen will er stehen
manchmal auch sogar dann gehen
will immer in die Höhe springen
oft auch um die Beine ringen

Er ist manchmal schwer zu kriegen
wenn man möchte ihn besiegen
immer ist er auf der Hut
King zu sein und das mit Mut
für die ganze Großfamilie
hält er ein die große Linie

Spielen möchte er mit den Kindern
Freddy läuft dann als Erfinder
wenn ich allein bin, und alle sind fort
er hat es gesehen von seinem Ort

weiß ich nicht ist es Traurigkeit
oder ist bereits sein Zorn so weit

In einer Tour bleibt er beim Bellen
dass ich nicht mal höre das Schellen
es dauert so lange bis das er ist heiser
er kört dann nicht auf, bellt aber leiser
hin und wieder hört er doch auf
ich weiß aber nicht, wie ist er dann drauf

Er kommt zu mir, setzt sich in Pose,
als wollt er mir sagen „Leckerli los"?
was aber soll ich dagegen nur machen?
Lass ihn schmoren suche was Sache.
Zeige ihm dann meine leeren Hände
Scottys Augen sprechen schön Bände

Ich habe etwas für solch eine Falle
will aber nicht spüren seine Krallen.
Manches Mal hat es lange gedauert
es tat mir leid, er stand auf der Lauer.
Ich sah wie das Auto angekommen.
Sein Schwanz wedelte unbenommen.

Rennt hin und her, will sich nur freuen
Vielleicht will er auch das Bellen bereuen
Scottys Liebe wohl allein Katja gehört.

Am besten gehorcht er aber dem Jörg
habe den Eindruck, es kommt darauf an.
Es ist wie es ist, Scotty hört auf den
Mann.

Wie es auch sei, Scotty bleibt treu,
achtet auf alles, nichts macht ihn scheu.
Geht er spazieren im Feld und im Wald
so macht er vor keinem Hindernis halt
Scotty er kennt alle seine Leute,
es geht ihm nicht um seine Beute.

Jeder der lebt in diesem Haus
kommt beim Scotty mit Sprache aus
wenn alle die gleiche Sprache sprechen
können sie das Kommando brechen.
Er will geliebt sein und das mit Maßen.
Er macht es gern, um mit zu Spaßen.

Morgenschönheit

Tau auf der Frühlingswiese
Wolken verhängen das Licht
Glasperlen im Wasser bricht.
Leise und zart weht der Wind

Blumenkelche sind noch zu
der Tag blickt durch die Äste
habe still die Schönheit erlebt
Baum beim Schlafen zugesehen

Neue Wege

Will neue Wege mit dir gehen.
Vieles auf den Wegen entdecken
dir täglich in die Augen sehen
mit dir aus der Ruhe leben.

Trüber Maientag

Gott ist da, er schenkt sein Licht
ER mag Trübsal eigentlich nicht.
Wenn ich mich dann zu IHM wende
spür ich bald des Trübsal Ende.
ER schenkt mir den klaren Blick.
Vom Balkon habe ich die richtige Sicht.

Hasen und Eichhörnchen melden nichts.
Ich kenn ihre Nester, die sind jetzt dicht.
feuchtes Wetter und stürmischer Wind
jagen kleine Tierchen sich geschwind
Sie warten auf den Sonnenschein
der mittags von alleine scheint.

Dann ist sogar die Vogelwelt mobil
die zwitschern Lieder derer sind viel
durch Sonnenstrahl dann angelockt
fliegen sie hin und her um den Block
zurück dann zum Rasen geschwind
picken und suchen Würmer da find.

Der kleine grüne

Beobachtung in der Vogelvoliere.
Ein Fremdling so ein grüner,
es geht mit ihm drunter und drüber
flink zeigt er sich, hält alles im Blick.
Will sich nicht zum Ausgang beheben
wohin sich auch die andern bewegen.

Will es allen zeigen, stielt niemanden
die Schau
er wartet schon lange auf den Freund
in blau
so lange bleibt er dann auch hier
denn er gehört auch zum Vogelrevier.

Fliegt weiter bewegt sich immer,
dennoch er wartet
auf seinen Freund im Vogelgarten.
Auch in der Vogelwelt weiß man
bescheid.
Wenn ein anderer verbummelt die Zeit.

Ob die Hoffnung sich erfüllt

Ob der Himmel weiße Sterne, aus den
Wolken schüttelt?
Die Natur so gerne winterliche Schatten-
spiele entwirft?

Raureif hat den Blätterschmuck am den
Ästen ersetzt
Unter den Stiefeln knistert leise Schnee.
Die Luft, sie ist so einmalig klar,
wie zu keiner anderen Jahreszeit
in diesem Jahr.

Sonnenstrahlen

Trockne ab auf allen Wegen
überall den alten Regen.
Liebe Sonne lass dich sehen
das die Kinder spielen gehen

Sieh die Sonne

Sieh wie die Sonne leuchtet wie sie so
üppig steht
diese Rose welch satter Duft doch los zu
dir herüber weht
Nun haftet ihre ganze Pracht halt du sie
sicher über Nacht.
Die weißen glatten Blätter in der zarten
heißen Hand.

Im Sommer wenn die Sonne glüht
und die Königin aller Blumen blüht.
Der Mensch freut sich an den Strahlen,
bedeckt die Haut, weil Hitze Qualen
Gedicht spiegelt den Sommer als reich
die Ernte aus Acker und Bäumen reicht.

Man sucht gern schattige Plätzchen aus
Bei Bergwanderungen man öfters paust
Man liebt den Wind dann in der Höhe
auch das Klima dort ist einfach schön
es gibt im Sommer viel Grund zur Freude
lange Tagesstunden bestimmen es heute

Traumgebilde

Träumt manch sonnig Traumgebilde
leis vom Himmel schwebt dahin
jetzt die Nacht, sie neigt sich milde
die Sterne sie lächeln über sie

Wie es geteilt

Es werden Jahreszeiten eingeteilt
das Wetter wechselt öfters in der Zeit
weil die Rosen blühen weit und breit
die zu verschenken ist man gern bereit.

Kann es nicht ändern

Spüre leise den Wind in den Haaren
es ist nicht mehr so, wie vor Jahren.
Vieles muß im Alter dran glauben
Hin ist der stete Jugendzauber.
Habe oft Sehnsucht es wird still
find stets Ruhe so wie ich es will.

Lustlosigkeit

Es gibt Tage, da bin ich lustlos
kann nicht verstehen warum ist das so?
Spüre die Lust, wünsche zu schreiben.
lustlosen Pausen sie dehnen sich weit.
Lust zur Freude und niemals zum Schein.

Lust immer zur Freude wirklich und echt.
sie aber zur Täuschung das wird schlecht

lehn mich zurück und den drüber nach
langsam aber sicher wird es mir klar
überlege weiter und prüfe den Sinn
es liegt an der Sache erkenne geschwind.
es wirkt Lust zur Laune weißt jedes Kind

Lustprinzip

Fünfzig Jahre immer unterwegs
endlich im Ruhestand man lebt
Arbeit sehen und liegenlassen
solange wie ich es wirklich will
endlich leben nach dem Lustprinzip

Lebenserfahrung

Eines, das wissen wir genau
Lebensspuren machen uns schlau
Gudrun, du hast stets Gutes gestaltet
Ideen geboren und Gutes verwaltet.

Für die Zukunft oft des Glückes Geleit
hast darum dein Ziel immer erreicht.
Planst, versuchst und gestaltest.
Stehst für Schönes, was du erwartest.

Habe dich jetzt in die Mitte gestellt
manches erläutert manches erhellt.
Es bleibt für dich die Freude Frisch
erwartest drum wieder ein Gedicht.

Ihr seid nun nicht mehr allein,
es stärkt vieles die Gemeinsamkeit
wünsche euch eine schöne Zeit.
Zu Zweit ist es doppeltes Glücks Geleit

Lebensfreude

Meine Lebensfreude ist das Schreiben
von Gedanken die mir bleiben
mich bewegen festzuhalten
um dann öfters abzuschalten

meine Lebensfreude ist das Lesen
zu erkennen, was gewesen.

zu erkennen was wir glauben
kein Gedankengut wir rauben.
Beiden Lebensfreuden die erbauen
will weiter diesem Weg vertrauen.

Maiglöckchen

Überall grüner Boden sehe Blüten klingen
schließe die Augen alles wird bunt.
Höre Vögel zwitschern zwischen Duft
breche Stiele zu einem Strauch
Maiglöckchen am Waldesrand.

Ein Uraltes Gedicht

Bekam heute wieder ein neues Gesicht.
schade um in der Schublade zulassen.
habe viel geordnet um neu zu erfassen.
Es ist ein Lebenslauf als Baby erlebt
weil er schon immer nach vorne gestrebt.
Er fühlte stets die Dunkelheit der Nacht.
Er wollte prüfen, ob er gut bewacht.

Wenn in der Nacht auch alles schlief
wollte er wissen ob er wurde geliebt.
Er meldete sich wir zu ihm schauten
schlief er weiter so viel wie er brauchte.
Er bekam dann die Milch im Fläschchen.
er verfolgte einzelnen Grämmchen

Man wechselte Windel um Windel
er lächelte man sah ein glückliches Kindel
durch viel Gesang und viel Gymnastik.
brachte er uns oft auf achtzig
gab nicht auf, weil er kein Essen wollte
erzählte Märchen wenn er schlafen sollte

Vita

1933 in Essen geboren
1939 Einschulung in Essen
1947 Schulpflicht 8. Klasse beendet
1947 soziales Pflichtjahr
1948 Lehre Kaisers Kaffee
1951 Abschluß Kaufmannsgehilfe
1952 Weiterbildung Handelsschule
1953 Steno und Schreibmaschine
1958 Berufstätig als Kontoristin
1958 Selbständigkeit im Einzelhandel
1965 Heirat
1970 Berufsbegleitende Weiterbild.
    als Erzieherin.
1973 Berufung in die Jugendhilfe
    nach interner Weiterbildung
1986 Berufung als Heimleiterin
1988 Ruhestand, seit dieser Zeit
    schreibe ich
2003 Mitglied im Autorenkreis
2012 Witwe unsere zwei Kinder sind
    verheiratet habe drei
    Enkelkinder
2019 wohne ich im Matthias
    Jorissenhaus, in Neukirchen-Vluyn